$Lb \begin{smallmatrix}41\\167\\A\end{smallmatrix}$

MÉMOIRE JUSTIFICATIF

POUR LE CITOYEN FRANÇOIS

A-P. MONTESQUIOU,

Ci-devant GÉNÉRAL DE L'ARMÉE DES ALPES.

Précédé & fuivi de Piéces importantes.

Novembre 1792, l'an 4ᵉ de la liberté.

LETTRE

De Mr. MONTESQUIOU, Général de l'armée des Alpes,

AU

PRÉSIDENT DE LA CONVENTION NATIONALE.

CITOYEN PRÉSIDENT,

Le plus remarquable & le plus beau sans doute, des droits solemnellement proclamés par la Nation Françoise, est le droit de résister à l'oppression. Son usage suppose seulement quelque proportion entre les forces ; mais lorsque cette proportion n'existe pas, il est un autre droit plus incontestable encore & tout aussi sacré, c'est celui de fuir l'oppression, à laquelle on ne sauroit résister. Voilà le droit que j'ai exercé, & je ne devois pas m'attendre à me voir reduit à la nécessité d'y recourir.

Lorsque sur des calomnies, sans aucune preuve, sans corps d'accusation, même sans faits articulés, ma destitution fut demandée le 23 Septembre par M. Tallien, sollicitée par M. Danton, jugée necessaire par M. Chabot, & décrétée à l'unanimité par la Convention Nationale ; j'y répondois au même instant par la conquête de la Savoye, par les bénédictions des peuples, par l'exemple unique dans l'histoire, d'une modération si propre à faire chérir le nom François par tous les amis de l'humanité. J'étois bien sûr, au moment où je fus instruit du décret de destitution, qu'il ne subsisteroit pas ; mais je sentis que ceux qui l'avoient provoqué ne me pardonneroient jamais leur méprise. J'eus l'honneur de solliciter auprès de la Convention Nationale ma destitution volontaire ; je ne demandois pour prix de mes services, que le droit de vivre sur le territoire François, d'y vivre tranquille, loin de toute affaire & de toute ambition ; pourquoi cette grace me fut-elle refusée ? Elle eut rempli tous mes vœux.

Depuis cette époque une mission nouvelle m'a été confiée ; le Conseil Exécutif m'a chargé de marcher à Geneve, de demander la sortie des troupes Suisses qui y avoient été appelées, d'employer la force si elle devenoit nécessaire, mais de ne l'employer que si les moyens de conciliation étoient inutiles : un Décret de la Convention Nationale, du 17 Octobre, consacra ces dispositions, en ordonnant expressément de respecter la neutralité de Geneve, si la sortie des Suisses s'opéroit d'une maniere amicale. Telles ont été mes instructions ; & je dois le dire à la louange du Ministre des affaires étrangeres, sa doctrine dans toute cette affaire a toujours été celle d'un homme d'honneur, & les résultats du Conseil Exécutif qui m'ont été transmis, ont toujours été conformes à ses principes.

Mais il existe dans ce même Conseil un homme qui, affamé de vengeances personnelles contre Geneve, a eu l'audace de croire que je consentirois à en être le ministre, & qui n'ayant pu faire de moi l'instrument de ses fureurs, m'a dévoué pour en être la victime.

Cet homme exilé de son pays en 1782, rappelé en 1790, répondoit à ceux de ses compatriotes qui l'invitoient alors à retourner dans sa patrie, qu'*il n'y rentreroit jamais qu'une torche à la main* ; & ce vœu sacrilège, il s'est cru au moment de le voir exaucé.

Dans les transports de sa joie indiscrette, au premier instant de l'invasion des Etats du Roi de Sardaigne, il écrivit à un Genevois, & le chargeoit d'annoncer à ses concitoyens, que j'aurois ordre de me présenter à leurs portes, & qu'il n'y auroit de salut pour eux que dans leur soumission.

C'est uniquement à cette lâche imposture de M. Claviere, imposture qu'il n'a pas craint d'avouer & de confirmer dans une lettre toute entiere de sa main, que l'on doit attribuer les justes alarmes des Genevois. Qu'on ne s'y trompe donc plus, ce n'étoit pas contre la France, ce n'étoit point pour soutenir l'aristocratie des Magistrats, bien moins encore pour se coaliser avec la ligue des Rois, que les Conseils de Geneve avoient invoqué des troupes Suisses ; c'étoit uniquement pour se garantir de l'effet subit des menaces de M. Claviere ; & c'est ainsi qu'il les entraina dans un double piege, les menaçant d'abord d'une invasion, pour les engager à appeler une garnison Suisse, & se servant ensuite de cet appel pour faire marcher une armée Françoise contre Geneve. S'il n'a point réussi à associer le Général de cette armée à ses projets sinistres, c'est qu'il eut l'imprudence de les lui dévoiler dans une lettre atroce, qu'il m'ecrivoit avant même de connoitre cet appel des Suisses ; lettre dans laquelle il me découvroit le secret honteux de son ame.

A

Je ne pensai point, je l'avoue, que la Nation Françoise dût épouser les haines d'un particulier ; je mis entiérement de côté la politique personnelle de M. Claviere, & je ne dissimulai point au Ministre avec qui mon devoir me faisoit correspondre, les vœux que je formois pour que la violence ne déshonorât point le premier usage, que la France libre alloit faire de sa force, contre le plus foible de ses voisins. Bientôt le Conseil Exécutif partagea ouvertement ces vœux ; bientôt la Convention Nationale consacra par un Décret les principes de justice dont je m'étois déclaré l'apôtre ; mais bientôt aussi j'acquis des preuves multipliées que M. Claviere me croisoit avec activité dans l'exécution des ordres de paix que m'adressoient ses Collégues.

Il ne me reste plus qu'une maniere de servir ma patrie ; c'est de l'éclairer sur l'horrible abus qu'un scélérat a fait de sa confiance : Citoyen Président, je vous le dénonce comme un ministre à qui tous les moyens sont indifférens. Profondément hypocrite, mais heureusement encore plus inconsidéré ; sa correspondance que je publierois à l'instant même, sans les rapports qu'elle a nécessairement encore avec les secrets de l'Etat, sa correspondance est un monument exécrable de haine, tantôt indiscrète, tantôt cachée ; mais toujours agissante : elle peint à chaque ligne l'ame d'un brigand ; elle porte à la fois le cachet de l'insolence, de la lâcheté, de la fourberie, & sur-tout celui de la plus étonnante inconséquence.

Vous y verriez d'abord tout ce qu'il a remué de ressorts pour engager la querelle avec Geneve ; qu'ensuite lorsqu'il l'a jugée interminable, il a fait semblant de s'attendrir sur le sort de son infortunée patrie, & de me demander grace pour elle ; qu'enfin lorsque j'ai fait renaitre la paix sous le sceau de la confiance, il n'a pu contenir sa rage, il n'en a plus dissimulé les transports.

Vous y verriez que tour à tour, il m'a proposé de détruire Geneve & de m'en emparer, d'en caresser les habitans, *de les rassurer sur leur indépendance dont ils sont*, me disoit-il, *très-jaloux*; puis *d'y mettre garnison Françoise;* puis de me borner à en faire sortir les Suisses, (ce qui ne pouvoit s'obtenir qu'en prenant l'engagement sacré de n'y jamais faire entrer de François,) & ensuite *d'y exciter quelqu'agitation intérieure pour les y faire appeler & introduire sans avoir recours à aucune hostilité*. Tantôt il m'écrit *que la possession de Geneve lui paroissoit absolument nécessaire pour affermir la révolution Savoisienne ;* tantôt qu'*il seroit affreux de voir les François libres aux prises avec les peres de la liberté*. Dans une lettre, il provoque les moyens violens ; dans une autre il recherche ceux de séduction : *ce sont des fêtes qu'il m'invite de donner à Verfoix aux habitans de Geneve & du pays de Vaud*; il me promet au nom du Conseil tout l'argent qu'il faudroit pour ce genre de guerre *& pour cette maniere de les municipaliser, qui*, dit-il, *en vaut bien une autre*. Un jour il me sollicite de ménager les capitalistes Bernois & Genevois, pour en obtenir un emprunt dont il m'assure que la France a le plus urgent besoin ; le lendemain, lorsqu'il apprend que ma loyauté a obtenu leur confiance & leur estime, il m'écrit avec aigreur, *que les imbécilles, malgré toutes leurs belles apparences, ne valoient pas qu'un esprit éclairé s'occupât d'eux, si ce n'est pour les humilier*. Je cherchois à lui faire sentir combien l'emploi des moyens violens contre Geneve répugnoit à tous les principes du droit des gens, & étoit indigne du caractere généreux que venoit de déployer la Nation Françoise. Il me répondoit que *sa ferveur pour moi redoubleroit, lorsque je lui apprendrois que ses compatriotes étoient sauvés ;* & enfin lorsque je lui appris qu'ils l'étoient, il m'annonça (ce sont ses dernieres paroles) *que si je ne me mettois pas à l'ordre du jour, tous mes talens seroient perdus, & que mon existence ne seroit semée que de désagrémens*.

Mais je n'ai rien dit encore, en ne vous parlant que de ce qu'il m'écrivoit ; il n'est presque pas une décision du Conseil qui, au moment où elle m'étoit transmise par le Ministre des affaires étrangères, ne fut déjouée par quelque lettre secrète de M. Claviere, & ces lettres prétendues secrètes, passoient bientôt de main en main, puisqu'elles sont parvenues jusques dans les miennes : j'y ai vu qu'il tentoit d'empêcher les Genevois de renoncer à la réserve du traité de 1584, dont M. le Brun exigeoit le retranchement. Sans doute il nourissoit l'espérance que leur refus rameneroit le Conseil Exécutif aux mesures violentes, qu'il n'avoit encore pu lui faire adopter ; & c'est en paroissant s'intéresser à sa patrie, que cet homme astucieux laissoit entrevoir à ses compatriotes, qu'un tel sacrifice n'étoit pas indispensable, & que le refus seroit sans aucun risque.

Ses manœuvres pour me croiser dans ma négociation avec le Corps Helvétique, n'ont pas été moins criminelles, & j'en ai également eu la preuve : tandis qu'il m'annonçoit au Conseil que c'étoit à lui que je devois ce nouvel honneur, tandis qu'il me conjuroit de m'assurer de la neutralité de l'Helvétie, informé qu'il étoit, que ma réputation m'y avoit précédé, & que j'avois obtenu la confiance des Suisses, avant même que je fusse appelé à leur en demander ce premier témoignage, il travailla sous main à me l'enlever ; il se hâta de mander à Geneve & par contre-coup en Suisse, contre toute vérité, que j'étois chargé d'obtenir, non pas seulement l'inviolabilité de la neutralité Helvétique, mais sa rupture contre les ennemis de la France.

Dans la négociation avec Geneve, plusieurs mémoires m'ont été fournis par lui, & je devois les croire propres à me guider. Tous, ils étoient faits pour me compromettre, par la fausseté des citations & par les piéges dans lesquels il cherchoit à envelopper ma bonne foi. N'a-t-il pas trompé depuis M. le Brun lui-même, lorsque sur sa parole il a donné à M. Genets des instructions qui sembleroient dictées par la plus honteuse ignorance, si Geneve n'en avoit pas été l'objet, & si M. Claviere n'étoit pas Ministre !

On croiroit peut-être qu'aigri par le malheur, je parle aujourd'hui le langage de la paſſion, & l'on pourroit me reprocher d'avoir gardé le ſilence, alors que la vérité pouvoit être utile, & que j'avois encore le droit de me faire écouter. Loin de moi ce reproche : tant que j'ai vu le Conſeil ſuivre une marche franche & loyale ; tant que les lettres de M. le Brun m'ont donné des témoignages d'approbation & de confiance, j'ai dû croire que M. Claviere étoit connu de ſes Collégues. Dès que ſon influence ne me paroiſſoit plus dangereuſe, pourquoi aurois-je révélé ſes turpitudes ? Mais lorſque je reconnus mon erreur, lorſque je vis que l'ennemi ne s'étoit caché que pour ſe rendre plus redoutable, j'écrivis le 2 Novembre une lettre particuliere à M. le Brun, pour l'avertir de ce que j'appellois encore les imprudences & les indiſcrétions de M. Claviere : mais à l'arrivée de M. Genets, à la vue des inſtructions dont il étoit porteur, je ne pus contenir ma juſte indignation ; j'écrivis à M. Vergniaud, que je connois peu, mais que j'eſtime. Avec moins de détails que je viens de vous en faire, je lui faiſois cependant connoitre la vérité ; je lui en diſois aſſez pour qu'il put apprécier les vues du Machiavéliſte, leur oppoſition aux vrais intérêts & à la gloire de ma patrie, & qu'il put juger les principes qui m'avoient guidés. J'envoyai copie de ma lettre au Miniſtre de la juſtice, dont j'ai été le collégue, & que j'ai toujours regardé comme un Citoyen vertueux ; je joins ici copie de cette même lettre, pour vous prouver que ma façon de penſer ne tient point aux circonſtances où je ſuis : mais le jour où ces dénonciations inſpirées par le deſir d'empêcher une grande injuſtice, partoient pour Paris, ce jour-là même, le lâche ennemi qui vouloit prévenir mes pourſuites, & qui ſans doute me jugeoit capable de les pouſſer auſſi loin que l'honneur de mon pays & le mien l'exigeroient, avoit trouvé le ſecret de me faire dénoncer à la Convention Nationale ſous un prétexte abſurde ; & dès le lendemain de me reprendre, environné de toute la défaveur d'une accuſation honteuſe, pour m'imprimer plus facilement le ſceau de l'indignation nationale.

Dans le même tems, les papiers publics parurent inondés des mêmes reproches, dont la derniere lettre de M. Claviere étoit l'original ou la copie : mille agitateurs diſperſés dans les divers cantonnemens de l'armée y répandoient avec profuſion ces infâmes pamphlets ; ils crioient hautement à la trahiſon, & cherchoient à perſuader aux ſoldats que j'avois fait racheter pour mon propre compte le pillage de Geneve qui leur appartenoit : enfin, la haine ſi féconde en calomnies me pourſuivoit à la fois aux environs de Geneve & dans ma patrie ; elle s'agitoit en tout ſens, & ſon étonnante activité me prouvoit aſſez que M. Claviere en ſecouoit les flambeaux : je n'oppoſois à toutes ces déclamations que le calme de l'innocence & la fermeté de mes principes.

Le 10 Novembre, on reçut à Geneve, une lettre d'un des affidés de M. Claviere ; il mandoit de Paris, qu'il avoit la promeſſe de ma deſtitution : l'avis m'en fut donné ; il ne m'étonna pas, j'avois bien été deſtitué déjà le 23 Septembre ; je méritois tout autant de l'être le 10 Novembre ; je ne le redoutois pas davantage ; mais les deux jours ſuivans s'étant écoulés ſans qu'il m'arrivât la moindre nouvelle, je pus croire que cette fois du moins, l'intrigue avoit échoué.

Le 13 au matin, avant le jour, on vint me dire qu'un homme faiſoit des inſtances pour me parler ; je le fis entrer dans ma chambre. Attaché à mon ſort par la ſeule impreſſion que ma conduite lui avoit faite, & par cette eſtime qui conſole les bons de la haine des méchans, cet homme avoit réuſſi à devancer le courier parti avec l'ordre de ma deſtitution. Il m'aſſura que je n'avois pas plus d'une heure pour échapper aux ordres dont j'étois menacé : quoique je cruſſe M. Claviere capable de tout, en recherchant les divers prétextes que la malveillance avoit pu ſaiſir, je n'en voyois aucun qui pût donner lieu à des violences : je pris le parti d'attendre. Deſtitué, ma réſignation n'avoit pas même le mérite d'un ſacrifice. Mandé à la Barre, j'obéiſſois avec confiance ; mais ſi je devois être ſaiſi comme un vil criminel, l'aſſaſſinat alors, avoit de trop grandes convenances ; je réſolus de m'y ſouſtraire.

Un heureux hazard acheva de lever mes doutes. Entre huit & neuf heures, je vis entrer dans ma cour une voiture en poſte ; j'en vis deſcendre deux hommes qui m'étoient inconnus, ils diſparurent auſſi-tôt ; je ſus qu'ils avoient demandé l'Officier-Général qui commandoit après moi ; qu'ils étoient chez cet Officier-Général, M. d'Ornac, & que déjà des ordonnances étoient parties : il ne fut pas poſſible alors de me diſſimuler que l'on étoit réſolu de ſe ſaiſir de ma perſonne ; je ne délibérai plus un ſeul inſtant. je montai à cheval, j'arrivai à Geneve un quart d'heure avant que l'ordre de m'arrêter fut parvenu à nos premiers poſtes ; je pris le prétexte d'une viſite de cantonnement ſur les bords du lac pour obtenir un bateau, & au bout de deux heures, je fus à l'abri des recherches.

Je ne fais que traverſer la terre hoſpitaliere d'où je vous écris. Dans quelque lieu que je me retire, je ne ceſſerai de faire des vœux pour mon pays ; jamais je n'aurai de rapports, ni directs ni indirects, avec ſes ennemis. J'en trouverai moi-même par-tout où la révolution Françoiſe eſt haïe ; mais par-tout où la vertu malheureuſe eſt perſécutée à des amis, je trouverai des conſolateurs. Je ſais quels noms odieux me ſeront prodigués par ceux dont j'ai trompé la rage ; mais devois-je me laiſſer trainer captif chez un peuple égaré, qui peut-être ne ſe ſouvient déjà plus que mon nom étoit mêlé naguéres à ſes premiers chants de victoire ! devois-je m'y laiſſer trainer captif alors que l'accuſation & l'aſſaſſinat dérivent encore immédiatement l'un de l'autre ! devois-je y comparoître devant l'homme qui de Ministre de la justice est devenu Législateur tranquille, après s'être vanté à la Tribune d'avoir aposté un assassin près de moi, & de lui avoir donné ses ordres !

Tant que la liberté de se défendre & la certitude d'être entendu & légalement jugé, ne feront pas l'inviolable propriété des accusés, daignez pour votre propre gloire, prendre les plus grandes précautions pour que l'art de provoquer par intrigue des Décrets d'accusation, ne devienne pas entre les mains d'un Ministre pervers, un supplément terrible aux lettres de cachet; daignez sur-tout ne pas confondre celui qui peut-être, vous épargne un crime involontaire, avec ceux qui ont mérité la juste sévérité des loix. Je vous l'ai déjà dit, mandé à la Barre de la Convention Nationale pour lui rendre compte de ma conduite & même de ma vie entiere, je m'y serois rendu sans hésiter. Je n'avois rien à craindre & rien à cacher; mais toujours prêt à braver la mort en servant ma patrie, je la veux du moins honorable, & je ne la recevrai pas de ceux qui ont converti les asiles de la loi en boucheries d'hommes, & qui, ordonnateurs & exécuteurs, insultent à leurs victimes & couvrent leurs forfaits, du nom sacré d'un peuple, qui en est innocent & qui les déteste.

Je m'attends à leurs rugissemens, lorsqu'ils apprendront qu'une nouvelle proye leur est échappée; puissent leurs fureurs être à vos yeux un préjugé en faveur de mon innocence, comme elle le sera à ceux de la postérité ! Proscrit de ma patrie pour prix des plus fideles services, s'il m'étoit possible de goûter encore quelque consolation, j'aurois du moins celle d'avoir joui de la reconnoissance du peuple dont j'ai brisé les fers, d'emporter l'estime de ceux avec lesquels j'ai négocié, & je serois en droit de compter pour quelque chose encore, l'avantage de pouvoir m'honorer du nom de mes ennemis.

A-P. Montesquiou.

MÉMOIRE JUSTIFICATIF DU GÉNÉRAL MONTESQUIOU,

En réponse au rapport de M. Rovere, fait à la Convention Nationale le 9 Nov. 1792.

J'IGNOROIS le nom de mes accusateurs & les motifs précis de l'acte de rigueur décerné contre moi, lorsque j'écrivis au Président de la Convention Nationale, la Lettre que l'on vient de lire. Le Moniteur du onze, m'apprend enfin quel est l'assemblage de griefs accumulés contre moi, dans un rapport fait par Mr Rovere, au nom des trois Comités diplomatique, de la guerre & de sûreté générale. Il m'est impossible de comprendre où le rapporteur a puisé l'étonnant amas d'impostures, sur lesquelles il a établi la base de ses conclusions. Il n'y a pas un seul fait dans ce rapport qui ne pût être démenti par vingt pièces originales. Il n'y a pas une assertion à l'appui de laquelle il fut possible d'administrer la moindre preuve: seroit-il donc téméraire à moi de demander à Mr. Rovere où sont les matériaux de son inconcevable ouvrage ? Les Comités au nom de qui son rapport a paru, souffriront-ils que l'autorité de leur témoignage, consacre le mensonge sur la foi seule d'un rapporteur infidèle ? On ne refusera pas du moins à un accusé, que dis-je, à un condamné, l'usage du premier des droits naturels, celui de défendre son honneur, & de faire entendre la vérité. Forcé d'entrer dans le détail de tous les chefs d'accusation inventés contre moi, forcé de donner la preuve matérielle de chaque mensonge de Mr. Rovere, j'interpelle sur chaque fait, ces Ministres détenteurs des pièces originales que je cite, la bonne foi des Comités dont l'assentiment a du moins été supposé, puisque ce rapport a été fait en leur nom, & la justice de la Convention Nationale, qui impudemment trompée, ne peut persister dans un jugement où sa Religion a été évidemment surprise.

Premier grief du Rapporteur.

Montesquiou a quitté son armée comme La Fayette; il a fait des pétitions, il a exagéré les forces du Roi de Sardaigne.

Il est faux que j'aie quitté mon armée comme La Fayette. Les faits, les circonstances, les motifs qui ont déterminé le seul voyage que j'aie fait à Paris, tout est différent.

Au mois de Juillet dernier, vingt Bataillons seulement, couvroient Lyon & Grenoble : le reste de l'armée du Midi étoit distribué sur le Var, réparti dans les places des hautes & basses Alpes, ou employé à la poursuite du rebelle du Saillant. Le Ministre Lajard me demanda ces vingt Bataillons pour renforcer l'armée du Rhin : je crus devoir représenter l'imminent danger d'un mouvement qui ouvroit le cœur du Royaume aux ennemis, & qui leur laissoit la faculté de marcher sur Lyon sans trouver la moindre résistance. On n'eut aucun égard à mes représentations ; les plus justes alarmes se répandirent dans le Midi, elles provoquèrent des adresses, des Départemens de l'Isere, de la Drome, du Gard, de l'Herault, de Rhône & Loire, &c. Pour toute réponse, les ordres de marcher furent adressés aux troupes : je crus alors devoir aux Citoyens dont la défense m'avoit été confiée, l'essai d'un dernier effort pour obtenir ce qu'ils avoient inutilement demandé : je courus à Paris, je démontrai jusques à l'évidence, le danger auquel la France méridionale alloit être exposée ; les Ministres, les Comités, l'Assemblée elle-même furent frappés de mes raisons ; on renonça au départ des vingt Bataillons ; les ordres furent retirés, & je retournai à mon poste.

Lorsque je me suis présenté à l'Assemblée Nationale au mois de Juillet dernier, je n'ai fait qu'obéir à un Décret exprès qui m'y mandoit ; je n'y ai fait aucune pétition, je lui fis seulement hommage d'un nouveau moyen que j'avois imaginé pour opposer promptement à nos nombreux ennemis, des forces supérieures aux leurs : l'Assemblée Législative daigna m'écouter avec bonté & accueillir ma proposition.

Comment le rapporteur peut-il soutenir que j'aie exagéré les forces du Roi de Sardaigne ? J'ai dit à l'Assemblée Législative que les troupes de ce Prince répandues depuis le lac de Genève jusqu'au rivage de la Méditerranée, montoient à 50000 hommes ; j'ai dit que dix mille Autrichiens arrivés dans le Milanois, pourroient s'y joindre d'un moment à l'autre, que même le bruit commun du pays annonçoit leur prochaine arrivée en Piémont, & qu'ainsi nos moyens de défense, devoient être proportionnés aux moyens d'attaque d'une armée de soixante mille hommes : celui qui m'accuse d'exagération, n'a cependant rien contesté au Général Anselme, lorsqu'il a mandé que le Comté de Nice renfermoit huit mille hommes de troupes réglées, & douze mille hommes de milice. On prétend, sur la foi de M. Duchillau, qui, ajouta le rapporteur, est le premier émigré qui ait dit la vérité ; on prétend que le Roi de Sardaigne n'avoit que onze mille hommes de troupes ; nous venons cependant sur la foi du Général Anselme, d'en compter vingt mille dans le Comté de Nice ; chacun sait que le Piémont est entouré de forteresses toujours occupées par de nombreuses garnisons. Turin sans doute, n'étoit pas dégarni de troupes, un camp commandé par le Duc d'Aoste, étoit rassemblé à Saluces : enfin l'on m'accordera du moins qu'il existoit quelques troupes en Savoye. J'ai envoyé au Ministre de la Guerre l'état nominatif des Régimens, qui dans leur retraite ont traversé les Bauges ; cet état seul montoit à onze mille hommes, & dans ce nombre n'étoient comprises, ni la majeure partie des troupes du Chablais, ni celles de Montmélian, des Marches, de Myan, de St Jean de Maurienne, & de la Tarantaise. J'ai toujours dit que le Roi de Sardaigne avoit environ dix-huit mille hommes en Savoye, à-peu-près autant dans le Piémont, & le reste dans le Comté de Nice. Ce que j'ai dit, je le répète encore, & trop de témoins peuvent attester cette vérité, pour que j'en craigne l'examen ; d'ailleurs l'état militaire du Roi de Sardaigne est connu de tout le monde ; il est imprimé, & après mon entrée à Chambery, j'en ai envoyé au Ministre le tableau original, trouvé dans les papiers de l'administration. Enfin, quand bien même j'aurois été trompé par les rapports qui m'ont été faits, rapports très multipliés, & qui par leur similitude & par leur authenticité m'ont paru dignes de foi, quel crime aurois-je commis, en transmettant des avis que je recevois & qui pouvoient intéresser la chose publique ?

Ma réticence, avec plus de raison eut dû paroitre coupable, & mon erreur même ne pouvant m'être imputée, n'eut pû être travestie en crime que par la plus affreuse malveillance. Au mois de Juillet dernier, Mr. Dubois de Crancé, alors membre de mon Etat-Major, partageoit mon indignation sur l'enlèvement des vingt Bataillons. Il fit imprimer une adresse au nom de ce même Etat-Major, qu'il n'accabloit pas alors de ses anathêmes. Dans cette adresse il dénonçoit la perfidie des Ministres qui dégarnissoient la frontiere du Midi, tandis que le Roi de Sardaigne la menaçoit avec une armée de soixante mille hommes. M. Dubois de Crancé étoit donc aussi un imposteur. Ah ! sans doute, il ne méritoit pas alors la confiance que depuis il a si bien reconquise ! A l'époque dont je parle, on pouvoit croire qu'il me connoissoit ; depuis deux mois il vivoit à-peu-près sous le même toit que moi, ma maison étoit la sienne ; & dans cette adresse à l'Assemblée Nationale que j'ose lui rappeler, pour qu'à l'avenir il se fie un peu moins à son jugement, je trouve cette phrase, que sans doute il s'est reprochée bien des fois depuis. "Le Général, disoit-il en parlant de moi, le ,, Général, qui toujours étranger à toutes les intrigues, n'embrassa jamais qu'un seul parti, celui de la Loi ,, & de l'utilité publique." M. Dubois de Crancé partit alors pour le Var ; je ne l'ai jamais revu depuis, que Commissaire de la Convention Nationale, accourant pour me destituer : il me semble que les absens & les opprimés ont tort avec lui.

Second grief du Rapporteur.

L'Assemblée Législative lui a accordé le droit de réquisition ; il a licencié les amis de la liberté, tandis que le canon d'alarme retentissoit encore à Paris.

L'Assemblée Législative en accordant aux Généraux par son Décret du 24 Juillet, le droit de requérir la moitié des Grenadiers & Chasseurs des Gardes nationales, a fixé dans le Décret même, les départemens où le Général de chaque armée pourroit exercer ce droit. Le Décret ne laisse point les Généraux, maîtres de requérir pour d'autres armées que pour la leur. C'étoit à eux à mesurer leur demande sur l'étendue & sur la durée de leurs besoins. Voilà ce que j'ai fait ; j'ai jugé une augmentation de six mille hommes, suffisante pour l'expédition de Savoye, j'y ai borné ma réquisition. Lorsque la Savoye a été si rapidement évacuée, j'ai rendu à leurs travaux, les braves Citoyens qui avoient tout quitté pour servir leur Patrie, & qui n'avoient été demandés que pour un service passager : je me suis donc conformé à ce que me prescrivoient & le bien public & la Loi. Ceux qui me blâment, n'ont pas lu sans doute, le Décret du 24 Juillet. Ils n'en ont pas du moins saisi l'esprit, qui ne fut jamais d'exiger un service permanent, semblable à celui des autres Bataillons de Volontaires, de ces citoyens pères de familles pour la plupart, qui se dévouoient pour l'instant du péril, & qui, cet instant passé, avoient bien acquis le droit de rentrer honorablement dans leurs foyers.

Troisieme grief du Rapporteur.

On lui a demandé des renforts pour l'armée des Ardennes, & il laissoit dans l'inaction les bataillons de Nismes, d'Avignon, d'Arles, & refusoit des détachemens pour le camp de Châlons.

Il n'y a pas dans ce passage un seul mot qui ne soit une fausseté ; on ne m'a demandé qu'une seule fois dix bataillons de mon armée, au commencement de Septembre ; ils sont partis en trois jours de tems. J'ai plus fait, j'ai demandé moi-même que l'on envoyât sur le Rhin les bataillons nouveaux de volontaires, dont le rassemblement avoit été ordonné à Valence, & ils y ont marché pour la plupart. J'y ai fait passer sans qu'on me le demandât, sans même en avoir exactement le droit, trois bataillons de grenadiers formés à Lyon. Jamais on ne m'a demandé un seul détachement pour le camp de Châlons ; & lorsqu'après la conquête de la Savoye, j'ai jugé des bataillons de grenadiers inutiles à mon armée, j'ai proposé à M. Servan d'en faire marcher aux armées du Nord ; j'ai même, en attendant sa réponse, fait partir pour Dijon les grenadiers de l'Ardeche qui étoient à Vienne. Le Ministre m'a mandé qu'il n'en avoit pas besoin, & il a envoyé à ce bataillon l'ordre de rétrograder. J'ai reçu du moins la lettre qui m'instruit de cette disposition, on la trouvera dans les papiers de ma correspondance, elle est du commencement d'Octobre.

Quatrieme grief du Rapporteur.

On lui reproche d'avoir éloigné de lui les Officiers patriotes, & de s'être entouré pour son Etat-Major, d'Officiers perdus dans l'opinion des bons Citoyens.

Je demande que l'on me cite un seul Officier patriote que j'aie éloigné, & que l'on me nomme enfin, un seul de ces officiers pervers dont je me suis entouré. Je dois dire d'abord, que je n'ai fait aucune nomination; j'ai reçu tous ceux que les Ministres m'ont envoyé, & j'atteste, qu'aucun d'eux ne mérite les imputations bannales que la malveillance n'imagine, que pour me forger des torts que je n'ai pas. L'Etat-Major de l'armée que je viens de quitter est bon, il est patriote & sage, & je ne m'en attribue pas l'honneur, car j'ai influé sur bien peu de choix. Je pense qu'il seroit à désirer que les Généraux fussent à cet égard un peu moins dominés qu'ils ne le font par les Ministres, & que les places de l'Etat-Major ne fussent pas des places de faveur. Mais il seroit trop absurde & surtout trop barbare, de ne pas laisser le choix aux Généraux, & cependant de les rendre responsables de ces mêmes choix. Au reste, je ne serois point effrayé de cette responsabilité pour l'Etat-Major sur lequel on cherche à m'impliquer.

Cinquieme grief du Rapporteur.

Il a favorisé par ses temporisations au Roi de Sardaigne le tems de faire monter son artillerie, & a laissé écouler dans l'inaction la saison la plus propre aux opérations militaires. La menace d'un décret de destitution est le seul mobile qui l'ait enfin déterminé à s'émouvoir & à entrer en Savoye ; il n'y est entré que le 23 Septembre, au lieu du 15 Août.

Il est bien étrange qu'au nom du Conseil Exécutif, personne n'ait restitué la vérité des faits qu'assurément le Conseil n'ignore pas, & que le rapporteur a si étrangement défigurée.

Je ne releverai pas ce qu'il dit de l'artillerie du Roi de Sardaigne, dont il parle comme de ces machines que l'on démonte, & que l'on ne remonte que dans certaines occasions, comme si des canons une fois sur leurs affuts n'y demeuroient pas, ou comme si c'étoit une longue opération que de les y replacer quand on les en a ôtés. Cet article ne mérite pas une réponse sérieuse ; mais je m'expliquerai comme je le dois, sur ma prétendue inaction, qui, suivant le rapporteur, n'a pu être stimulée que par la crainte d'un décret de destitution, & sur mon entrée en Savoye, qui suivant lui, auroit dû avoir lieu le 15 Août, & ne s'est effectuée que le 23 Septembre.

Du moment où il a existé un Conseil Exécutif provisoire au mois d'Août, ses régistres doivent contenir la preuve que pour la premiere fois on pensoit à l'attaque de la Savoye, & que je fus autorisé à faire les préparatifs de cette expédition. Ils étoient fort avancés lorsque le 1er Septembre, le Ministre de la guerre m'envoya un courier tout exprès pour m'apporter au nom du Conseil, l'ordre de cesser tout préparatif, d'envoyer dix bataillons vers Fontainebleau, & de me renfermer dans la plus stricte défensive, le Conseil ayant arrêté de ne former aucune entreprise, tant que la République seroit dans le danger où la mettoit l'invasion des armées Prussienne & Autrichienne. Ce courier m'arriva le 4 à Cessieux. Je répondis sur le champ par l'envoi des bataillons qui m'étoient demandés, & par des représentations très-vives sur l'avantage que la République Françoise trouveroit à l'exécution du plan que j'avois formé ; plan qui étoit mur, & dont le succès ne me paroissoit pas douteux. J'en envoyai le détail au Ministre ; j'y joignis l'ordre de marche déjà préparé ; je le priai d'observer que le succès de cette opération rendroit aux armées du Nord, ou à la défense des Pirenées la moitié des troupes qui étoient employées sur les Alpes, qu'il releveroit la confédération de la France, qu'il balanceroit les pertes que nous faisions alors tous les jours au Nord, & que peut-être il opéreroit une diversion utile. Cette dépêche arriva à Paris le 7 Septembre, & le 8, M. Servan m'écrivit une lettre dont l'original est dans mes papiers. Il me mandoit qu'il avoit mis ma lettre du 4, sous les yeux du Conseil, que l'on n'avoit pas cru possible qu'en donnant les secours que l'on m'avoit demandés, je pusse encore entreprendre la conquête de la Savoye ; mais que le Conseil, après avoir pris connoissance de mon plan, se fioit à l'assurance du succès que je lui donnois, & m'accordoit toute liberté pour agir suivant le projet que je lui avois communiqué. Je reçus le 11 Septembre cette dépêche du 8 ; je repris aussi-tôt les arrangemens que j'avois été forcé de suspendre ; j'expédiai un courier à M. Anselme, avec ordre d'attaquer le Comté de Nice ; je mis mon armée en marche dès le 14 ; j'arrivai à Barreau le 20 ; j'attaquai la nuit du 21 au 22, & c'est le 23 que l'on me destituoit à la Convention Nationale. Voilà des faits précis, dont les preuves matérielles se trouvent certainement dans le porte-feuille du Ministre de la guerre, ainsi que dans les cartons de mon successeur. Je demande à présent s'il est possible de lire sans indignation, le roman d'un rapporteur qui évidemment a puisé ses assertions dans les libelles, que la haine aussi stupide qu'atroce, s'est plue à composer contre un Citoyen qui n'a cessé d'obéir à la volonté Nationale, mais qui dédaigna toujours d'appartenir à aucune faction.

Il résulte de cette explication, dont je demande l'examen & la preuve, & sur laquelle au défaut de pieces, je pourrois citer cent témoins, il en résulte, que les premiers succès de la France, ces succès qu'aucun deuil n'a empoisonnés, qu'aucun excès n'a flétris, ne sont dûs qu'à moi seul, à l'évidence de mes raisons, à la sagesse de mes plans, & à la fermeté de mon caractere ; il en résulte, que les lâches détracteurs qui m'en veulent ravir la gloire, sont obligés de recourir aux plus grossiers & aux plus impudens mensonges.

Sixieme grief du Rapporteur.

Il a dilapidé les finances par plusieurs marchés.

Il me seroit difficile de répondre à ce chef d'accusation & même de le comprendre, si des fragmens du rapport de M. Cambon, ne m'avoient appris que l'on avoit voulu m'impliquer dans l'affaire de M. Vincens.

La veille de mon évasion j'avois eu la douleur de faire exécuter l'ordre de l'arrestation de M. Vincens. Jamais l'obéissance passive n'a été plus méritoire, car jamais on n'a été plus persuadé que je le suis, de son irréfragable probité : le premier des marchés qu'on lui reproche est inférieur au prix accordé par écrit à l'entrepreneur, par trois Commissaires de l'Assemblée Nationale, revêtus à l'armée de tous les pouvoirs. Le second n'a eu lieu, que par la nécessité d'obéir à un décret de l'Assemblée Nationale & de réparer l'inconcevable négligence du Pouvoir Exécutif. Le troisieme m'est inconnu, parce qu'étant fait pour une dépense ordinaire, il n'avoit pas besoin de mon autorisation. Mais j'en juge sans le connoitre, & par l'honnêteté bien certaine du Commissaire-général qui l'a reçu, & par le peu d'empressement que témoigne à le remplir, celui au profit de qui il est passé. Ces trois marchés sont jugés nuls & frauduleux, sans qu'aucun des accusés ait été entendu. Nuls ? c'est possible ; il ne faut pour cela qu'une grande autorité : mais frauduleux ! L'autorité n'y peut rien, il faut des preuves, il faut une instruction, & il n'y en a pas eu. Mais fussent-ils tels qu'on les a jugés d'avance, qu'a de commun le Général, avec le prix des marchés à la confection desquels la loi ne l'appelle pas, & qu'il ne vise qu'en raison des formes établies par la trésorerie Nationale, pour constater qu'il n'a pas été fait de dépenses extraordinaires, sans l'ordre du Général & par conséquent sans nécessité ?

Je déclare donc formellement que je n'ai assisté à aucun marché ; que je n'en ai vu aucun ; que la Loi ne confie pas ce soin aux Généraux ; que leurs autres obligations les en éloignent inévitablement ; & j'atteste que j'ai mille preuves de la scrupuleuse probité de M. Vincens, de sa rare intelligence & de son zele infatigable. Mon témoignage, sans doute, est devenu bien foible : mais c'est du moins une dette que je paye à la vertu. J'arrive au véritable motif, ou du moins à l'occasion du Décret lancé contre moi ; je n'en ai parcouru jusques à présent que les préliminaires, & en effet, dès que l'on a pu écouter avec quelque confiance ce long tissu d'impostures, dès que personne dans ce nombreux auditoire, n'a voulu ni pu rechercher la vérité, dès que tous les Ministres témoins nécessaires de tous les faits que je viens de rappeler ont été assez lâches pour se taire, il me paroit tout simple qu'après un tel préambule entendu sans réclamation, on soit arrivé au moment des conclusions du rapporteur avec les préjugés les plus défavorables. Mais examinons les pieces à la main, ce principal chef d'accusation.

Septieme grief du Rapporteur.

Il a fait une transaction honteuse dans laquelle les intérêts & la dignité Nationale se trouvent compromis. Il a enchaîné devant Geneve la valeur de nos soldats ; il a terni la gloire du nom François, en faisant avec quelques aristocrates Genevois, une capitulation qu'une poignée de François avoit refusée à Brunswick & à ses nombreuses cohortes.

Voilà bien des paroles injurieuses, sans doute ; voyons ce que deviendra tout cet échafaudage devant la vérité.

Il n'étoit point entré dans mon plan de campagne, de faire aucune autre expédition cette année que celle de la Savoye : j'avois encore un soin bien important à remplir, celui de fortifier les passages de Savoye en Piémont, soin que l'on m'a forcé de négliger en m'envoyant à Geneve. J'étois encore à Chambéry le 4 Octobre, lorsque j'appris que le Conseil Exécutif demandoit le renvoi d'une garnison de 1600 hommes, dont la République de Geneve venoit de réclamer le secours des Cantons de Zurich & de Berne. M. Servan m'écrivoit de porter aussi-tôt qu'il seroit possible des troupes sur Geneve, pour y obtenir de gré ou de force, la sortie de cette garnison. La majeure partie de mes bataillons poursuivoit alors les Piémontois dans la Maurienne & dans la Tarantaise. Je n'avois à mon armée, ni mortiers, ni canons de siége ; je partis cependant pour m'approcher de Geneve, le 5 Octobre, lendemain du jour où j'avois reçu le premier avis du Ministre, & lorsque j'eus reconnu le local, je donnai les ordres pour faire marcher les troupes dont j'estimois avoir besoin, & j'envoyai chercher à Grenoble des mortiers & des bombes. Ces divers préparatifs & le tems nécessaire pour l'arrivée des troupes & pour le rassemblement des moyens de subsistance exigeoient au moins quinze jours. Nous étions le 6, je ne pouvois donc songer à agir avant le 21.

La nuit même de mon arrivée à Carouge, je reçus des Députés de Geneve, & j'eus avec eux une conférence très-longue, dont je rendis compte au Ministre par un courier expédié le 6. Voici ce que M. le Brun, Ministre des affaires étrangeres & de la guerre par interim, répondit le 11 à cette premiere lettre du 6, par laquelle, après l'avoir informé de mes premieres mesures, je demandois des ordres & des instructions pour ma conduite ultérieure.

" Vous insisterez sur la sortie des Suisses ; elle est commandée par les traités & par l'intérêt de notre
,, sûreté. Ce point exécuté, Geneve sera rétabli dans son vrai rapport avec la France, & la fraternité &
,, l'amitié réciproque, régleront dès-lors tout ce que les circonstances rendent nécessaire ".

Je reçus cette lettre le 14, plusieurs jours avant que je puisse être en état d'exécuter aucun projet d'attaque ; & assurément cette lettre n'étoit pas menaçante : je n'en continuai pas moins tous les préparatifs. Le 17 j'en reçus une autre du même Ministre, M. le Brun, dont je dois encore citer un passage très-important ; elle se termine ainsi :

" En continuant, Monsieur, à mettre dans votre conduite la fermeté que vous avez déjà montrée, il est inutile de vous observer que notre intérêt, celui de Geneve & de tout le Corps Helvétique est d'éviter la guerre... & qu'ainsi vous n'aurez à user des moyens de vigueur, qu'après avoir inutilement épuisé ceux de la prudence & de la persuasion ".

A cette lettre étoit joint un extrait des régistres du Conseil Exécutif provisoire, du 13 Octobre, qui ensuite de la demande de l'évacuation de Geneve par les troupes Suisses, contenoit la disposition suivante :

" Le Conseil confirme l'assurance positive donnée par le Résident de France aux Syndics & Conseil de Geneve, qu'il ne sera porté aucune atteinte à la sûreté des personnes & des propriétés, non plus qu'à la liberté & à l'indépendance de la République ; en conséquence de laquelle déclaration, il est entendu que les troupes Françoises ne devront entrer, ni dans la ville de Geneve, ni sur son territoire, dès que l'un & l'autre auront été évacués par les troupes Suisses ".

Je demande à présent à tout Lecteur impartial, si de semblables instructions me permettoient de concevoir un plan réel d'attaque sur Geneve, dès-lors que la sortie des Suisses seroit consentie suivant la demande & les réquisitions expresses du Conseil Exécutif ?

On doit observer, que ces dispositions pacifiques exprimées en termes non équivoques, sembloient devenir plus positives à mesure que mes moyens de force s'accumuloient. La saison étoit fort pluvieuse, le terrein des environs de Geneve est fort humide ; il m'étoit douloureux de voir à quel point les troupes souffroient dans un camp détestable & dans des marches pénibles, tandis que leur inutilité me sembloit tous les jours plus certaine & plus démontrée. Enfin s'il me fut resté un seul doute, auroit-il pu subsister après la lettre que ce même M. le Brun m'écrivit le 19 Octobre ? j'en vais transcrire les principaux articles.

Paris le 19 Octobre, l'an 1ᵉʳ de la République.

" J'ai reçu, Monsieur, la lettre que vous m'avez écrite le 13 de ce mois.

" Vous aurez vu par l'arrêté pris le même jour par le Conseil Exécutif provisoire & ratifié le 15, par la Convention Nationale, que vos demandes ont été prévenues. Il devoit être dans les intentions comme dans les principes de la République Françoise, de respecter la neutralité & l'indépendance de Geneve, du moment où se conformant elle-même aux traités qui nous lient respectivement, elle éloigneroit de ses murs les troupes étrangeres qu'elle y avoit appelées sans notre participation, & sous des prétextes qui nous étoient injurieux.

" Vous êtes donc pleinement autorisé, Monsieur, à déclarer aux Syndics & Conseil de Geneve que vous n'avez pas l'ordre d'entrer dans cette ville & sur son territoire que dans la supposition où l'on persisteroit à y conserver les troupes étrangeres que l'on y a appelées ; mais que dans le cas contraire vous avez à vous abstenir d'y entrer & de donner aucune suite au différent qu'a occasionné l'appel de ces troupes.

" Quant aux craintes que l'on pourroit concevoir pour l'avenir & au sujet desquelles on pourroit demander des sûretés, la modération dont nous usons dans la circonstance présente, & les principes que professe la République Françoise, suffiroient sans doute pour les bannir. Mais le traité de 1782, renfermant des dispositions contraires à ces principes, il étoit de la justice & de la dignité Françoise de ne pas laisser subsister un pacte dicté par la tyrannie : il vient d'être abrogé formellement par un Décret de la Convention Nationale, rendu le 17 de ce mois. Ainsi, non-seulement nous reconnoissons l'indépendance des Genevois, mais nous détruisons encore les armes dont on pourroit se servir pour y porter atteinte.

" D'après ces diverses dispositions, Monsieur, je me persuade qu'il ne vous sera pas difficile de déterminer Geneve à écarter de ses murs les troupes de Berne & de Zurich qui y sont en garnison.

" Si cependant malgré ces déclarations........

" Mais j'espere que cette mesure ne sera pas nécessaire & que vous saurez prévenir & applanir toutes les difficultés que l'on pourroit opposer au succès de notre négociation.

" La confiance que vous inspirerez au Conseil Exécutif l'a déterminé à vous charger d'une autre négociation à entamer immédiatement après que l'affaire de Geneve sera terminée.

" Vous savez, Monsieur, quelle est notre position actuellement avec le Corps Helvétique. . . . .

" Au surplus, Monsieur, le Conseil Exécutif s'en rapporte à vous, avec une entiere confiance, du choix & des moyens qui vous paroîtront les plus propres à remplir l'objet que nous avons en vue, celui de nous replacer à l'égard du Corps Helvétique dans notre ancienne position ".

Le Ministre des affaires étrangeres, LE BRUN.

Me dira-t-on encore que j'ai enchaîné la valeur des soldats, que j'ai terni la gloire de nos armes, que je devois foudroyer Geneve, au lieu de traiter avec les Syndics & Conſeil de cette République? Enfin, me ſoutiendra-t-on encore qu'il s'agiſſoit d'une capitulation?

Je devois demander la ſortie des Suiſſes, & ce point exécuté, la fraternité & l'amitié devoient renaître. Ayant obtenu la ſortie des Suiſſes, je devois m'abſtenir d'entrer ni dans Geneve ni ſur ſon territoire.

Je devois reconnoître ſon indépendance, & par conſéquent traiter avec cette République comme avec un Etat libre. Les ordres dont j'étois porteur, me plaçoient vis-à-vis des Syndics & Conſeil de Geneve; Qu'ils fuſſent Ariſtocrates ou qu'ils ne le fuſſent pas, je ne pouvois me diſpenſer de traiter avec eux.

Un traité ſemblable n'eſt point une capitulation, il ne s'agiſſoit ni de prendre ni de rendre Geneve; ainſi le mot capitulation, eſt auſſi ridicule ici, que la comparaiſon de Brunſwick eſt déplacée.

En me reprochant d'avoir traité *avec quelques Ariſtocrates Genevois*, le Rapporteur ne voudroit-il point auſſi m'imputer, comme M. Claviere, de m'être laiſſé tromper par eux, & de leur avoir ſacrifié pour toujours, la Révolution à laquelle je pouvois, diſoit-on, les forcer en faveur de l'égalité politique? Mais outre que ce n'étoit point là l'objet de ma miſſion, je ne tardai pas à me convaincre qu'une pareille révolution étoit inévitable, & qu'elle ne peut même point tarder, puiſque tous les Genevois influens, le ſentent & s'y préparent. J'eus ſoin d'en informer M. Claviere, qui ſembloit ſe défier de l'attrait de nos principes, & je penſe les avoir appréciés mieux que lui, en me repoſant pour leur prochain triomphe dans Geneve, ſur l'empire de la raiſon, qu'en accélérant ce triomphe par les intrigues, les baſſes menées, & les agitations, que m'indiquoit ce Miniſtre.

On vient de voir à quel point le Conſeil Exécutif me témoignoit de confiance le 19 Octobre. Je ne connoiſſois point du tout M. le Brun; je ne pouvois donc devoir cette confiance qu'à ma correſpondance & à mes principes, je n'en ai pas changé dans tout le cours de cette affaire: ſi j'ai eu tort à la fin, j'ai eu le même tort au commencement, & j'en trouve la preuve dans toutes mes lettres antérieures à la marque d'eſtime que le Conſeil me donne le 19. Dans la premiere de toutes, écrite de Chambéry, je mandois à M. Servan qu'une entrepriſe ſur Geneve ſeroit toujours embarraſſante à motiver, que la juſtice ne paroîtroit jamais exacte, ni conſéquente à nos principes. Le 6, en rendant compte de ma premiere entrevue avec les Députés de Geneve, dès le lendemain de mon arrivée à Carouge, je mandois au Miniſtre qu'il pouvoit me déſavouer, d'autant mieux que j'avois affirmé que j'étois ſans miſſion; mais que j'avois aſſuré que ſi la garniſon Suiſſe ſe retiroit de Geneve, l'intention de la France n'étoit point d'y faire entrer ſes troupes. — Le 13, je mandois à M. le Brun que l'introduction d'une garniſon Françoiſe dans Geneve me paroiſſoit directement contraire aux traités dont nous réclamions l'exécution; que nous ne pourrions invoquer en notre faveur que la convenance & par conſéquent le droit du plus fort: qu'en demandant la ſortie des Suiſſes, j'avois toujours déclaré que ſi nous l'obtenions de bon gré, nous n'entendions pas mettre de garniſon dans Geneve; que ce langage me paroiſſoit le ſeul que la juſtice avouât, le ſeul qui convînt aux principes de modération que la France n'avoit ceſſé de proſeſſer.

Tels étoient les ſeuls titres que j'euſſe à la conſidération & à la confiance, que me témoignoient le 19 Octobre le Miniſtre des affaires étrangeres & le Conſeil. Pouvois-je penſer qu'en ſuivant la même ligne je perdrois ſi promptement l'une & l'autre, & que je donnerois lieu à tant de calomnies?

Voyons donc, enfin, ce que ce traité en lui-même a de ſi honteux. On a pu juger par le ton des lettres du Miniſtre des affaires étrangeres, quel devoit être celui de la négociation.

Fermeté pour obtenir l'acte de déférence exigé par le Conſeil, enſuite fraternité, amitié, juſtice; qui loin d'y être contraire, s'aſſocie à merveille avec la vraie dignité. C'étoit pour la premiere fois qu'un Citoyen François traitoit au nom de la Nation qui avoit proclamé les droits de l'homme & le grand principe de l'égalité politique. Je penſois qu'il étoit beau de montrer cette grande Nation reſpectant dans la pratique les principes de la théorie, & traitant d'égal à égal avec un corps politique ſon égal en droits, bien que ſon inférieur en puiſſance.

Je crus honorer ma patrie en expoſant ſa doctrine de juſtice & de modération dans le préambule de l'acte, & en établiſſant une exacte réciprocité dans les articles. — J'accordai un mois pour la ſortie des Suiſſes, afin de marquer des égards à la Nation Helvétique, avec qui j'allois entamer une négociation importante, & aux yeux de laquelle je voulois effacer, s'il étoit poſſible, le mot injurieux d'*expulſion*, employé dans les premieres réquiſitions.

Le Rapporteur trouve toutes ces diſpoſitions, déshonorantes pour la France; il trouve qu'en ſignant cette tranſaction, j'ai compromis la dignité Nationale. Qu'un courtiſan de la Cour de Louis XIV m'eut fait ce reproche, je l'entendrois à merveille, & cela prouveroit ſeulement que le mot *dignité* n'auroit pas la même acception dans ſa langue & dans la mienne. Mais qu'un Républicain admette deux manieres de traiter, l'une vis-à-vis les forts, l'autre vis-à-vis les foibles, & qu'il réſerve pour ces derniers, le ton de la ſupériorité, voilà ce que je n'entendrai jamais & je le confeſſe, ma politique eſt en ſens inverſe de la ſienne.

On me reproche d'avoir ſtipulé la retraite des troupes & celle de la groſſe artillerie. Mais il falloit bien un terme à notre appareil menaçant, & ce terme étoit fixé par toutes les déciſions de la Convention Nationale & du Conſeil Exécutif, à l'époque de la ſortie des Suiſſes. Falloit-il continuer de menacer, après avoir obtenu tout ce que nous avions demandé? Je ne vois à cela ni grandeur ni utilité. J'avois, il eſt vrai, ſtipulé cette retraite d'une manière précise dans la première convention, qui portoit, *que mon armée ne laisse-roit dans l'espace de dix lieues autour de Geneve, que les détachemens de troupes, nécessaires au maintien du bon ordre.* C'est d'après mes propres principes que je m'étois exprimé avec cette précision.

Le Conseil a désiré que la retraite des troupes fut stipulée en termes plus généraux. C'est encore de la vieille Diplomatie ; mais cela n'a pas souffert la moindre difficulté : le nouvel article porte, *que les troupes Françoises seront retirées & placées de maniere à ôter tout sujet d'alarme à Geneve.* Le résultat de cet article sera absolument semblable au résultat qu'auroit eu le premier. La tête des cantonnemens du corps d'armée, s'il hiverne en Savoye, ne peut être placée qu'à Annecy & à Rumilly, distans de dix lieues de Geneve, & cela tient aux localités : ainsi le sens, l'intention & le fait seront semblables d'après la rédaction que le Conseil a blâmée & d'après celle qu'il a approuvée : je ne vois qu'une vraie différence entr'elles, c'est que la derniere présente un sens plus vague, & qu'entre deux puissances égales en forces, son interprétation pourroit amener des querelles ; au lieu que la première pouvoit être exécutée à la jettée.

J'ai peine à croire qu'il soit déshonorant pour une Puissance, que ses négociateurs soient clairs dans leurs engagemens, & qu'ils n'employent ni subtilité ni subterfuge : j'ai pensé, au contraire, qu'il convenoit à la dignité de la Republique Françoise, de repousser ces tournures captieuses & auxiliaires de la mauvaise foi, & qu'il lui appartenoit d'opérer encore cette révolution dans le stile diplomatique.

Jusques ici le rapporteur n'avoit fait que dénaturer tous les faits, confondre toutes les époques, & tirer de majeures fausses, les plus fausses conséquences ; il termine son plaidoyer par deux singuliers griefs.

Huitieme grief du Rapporteur.

Il a usurpé le Pouvoir Législatif, en exécutant le traité avant la ratification.

Je pourrois lui demander d'abord comment on usurpe le Pouvoir Législatif en exécutant. Mais laissant de côté cette dispute de mots, je m'attache au fait, que je démens formellement. Je n'ai fait partir pour s'éloigner à la distance de cinq jours de marche, que quelques gros mortiers, mon ordre seul avoit fait mouvoir, & que j'étois libre de déplacer sans autre autorité que la mienne. J'avois jugé pressant d'en débarrasser l'armée, afin de pouvoir rendre au service de l'artillerie de campagne, les chevaux nécessaires à les reconduire. Pourquoi aurois-je gardé cet appareil de siège ? J'avois obtenu la sortie des Suisses de gré, je n'avois donc plus à l'obtenir de force. Lorsque j'envoyois le traité à la ratification du Conseil, je ne pouvois avoir de doute sur le fond ; son arrêté du 13e, ratifié par la Convention Nationale le 15, le décret de cette même Convention du 17 ratifioit d'avance le traité. Il ne pouvoit y avoir de corrections à désirer que dans le stile, & il ne falloit ni mortiers ni gros canons, pour réformer une rédaction à laquelle la plus grande bonne foi avoit présidé de part & d'autre. Mais ceux qui me reprochent d'avoir fait retirer l'artillerie de siége, n'ont eu garde de dire, que Geneve avoit en même tems fait partir 400 Suisses de sa garnison : ils oublient sur-tout un fait bien autrement décisif pour la conduite que j'avois à tenir ; c'est que le 23 Octobre, lendemain du jour où la première convention fut signée, le même courier qui m'apporta les pouvoirs de traiter avec le Corps Helvétique, apporta au Résident de France l'ordre de rentrer immédiatement à Geneve & d'y faire la déclaration la plus amicale. Pouvois-je garder une attitude hostile après une pareille démarche ?

Ou mes instructions ne signifioient rien, non plus que le décret du 17 Octobre, ou j'ai dû penser que la sortie des Suisses étant consentie, la querelle avec Geneve, non celle de M. Claviere, mais celle de la France, étoit terminée, & en effet un vice de rédaction ne pouvoit rien changer à ce point fondamental de la transaction. Le Rapporteur a ignoré sans doute, ou du moins il n'a pas dit, qu'il m'étoit recommandé de terminer promptement ma première mission, afin d'en entamer avec le Corps Helvétique une seconde, bien autrement importante, & dont tout annonçoit le plus heureux succès : la confiance devoit en être la base, & les procédés généreux le moyen. Depuis quand déshonore-t-on son pays, en employant de tels auxiliaires ?

Au reste, je n'ai pas fait retirer les troupes : je les ai fait passer seulement des camps où elles souffroient beaucoup, dans des cantonnemens plus sains. Je ne pense pas que ce soit usurper le Pouvoir Législatif.

Neuvieme grief du Rapporteur.

Il a usurpé le Pouvoir Exécutif, en contremandant les troupes qui marchoient vers Geneve par ordre du Conseil.

Je ne peux répondre à cette accusation que par un déni formel. Aucune troupe n'a marché vers Geneve par ordre du Conseil Exécutif ; ainsi je n'ai pu en contremander aucune.

Dixieme grief du Rapporteur.

Le Conseil Exécutif lui ayant demandé une seconde fois des troupes pour renforcer l'armée de Custine, au lieu d'obéir il a licencié les bataillons de Grenadiers qui lui restoient, & par-là compromis la sûreté même de la Savoye.

Le Pouvoir Exécutif ne m'a point demandé ni une premiere ni une seconde fois, des troupes pour renforcer l'armée de Cuftine : voilà par conséquent un dernier fait auffi complettement apocriphe que tous les autres.

Onzieme grief du Rapporteur.

La feconde convention du 2 Novembre ne vaut pas mieux que l'autre, & Montefquiou y a mis tant de lenteur, qu'il a mis le Confeil dans la néceffité d'y confentir à caufe de la faifon.

Voici quelle eft la lenteur que j'y ai mife : la lettre contenant les obfervations de M. le Brun fur la premiere convention, eft du 27; je l'ai reçue le 31; les Commiffaires fe font raffemblés le lendemain premier Novembre, & la nouvelle convention a été fignée le 2.

Monfieur Dubois de Crancé avec fa générofité ordinaire, a faifi l'occafion d'ajouter quelques impoftures à celles qu'il venoit d'entendre, & que cependant il devoit plus qu'un autre, être en état d'apprécier. Je conçois fort bien, qu'au milieu des acclamations favorables de l'armée que je commandois & des cris de reconnoiffance des Savoifiens, il n'ait pas (c'eft lui-même qui l'affure) ofé élever fa voix contre moi, & qu'il n'ait pû fe refufer au plaifir de l'élever fans rifque au milieu des clameurs que vomiffoit la haine. Ce procédé n'eft pas rare & de fa part ne m'intéreffe pas. Je me bornerai donc à examiner fon opinion.

J'ai, dit-il, organifé mon Etat-major dans le fens de La Fayette. Pourquoi donc a-t-il trompé la Convention Nationale, en lui écrivant de Chambéry que mon Etat-major étoit bon ?

Pourquoi ajoute-t-il que j'avois dû donner des renforts à l'armée de Kellermann; tandis qu'il eft impoffible qu'il ait vu nulle part la trace d'une femblable demande ?

Comment peut-il blâmer le parti que j'ai pris de renvoyer dans leurs foyers, les bataillons de Grenadiers dont je n'avois plus befoin, lui qui le lendemain de mon départ pour Geneve, a été témoin à Chambéry des inconvéniens qu'il y auroit à les garder, lorfque n'étant plus néceffaires à l'armée, il leur eft bien permis de fe rappeler qu'ils font néceffaires à leurs familles ? a-t-il oublié qu'au moment de l'efpéce d'infurrection qui eut lieu dans cette ville, il n'ofa pas fe montrer pour l'appaifer, & qu'il n'imagina pas de moyen plus expéditif qu'un ordre de départ ? cependant il n'étoit pas en droit de le donner, car ce n'eft pas pour commander les armées & faire marcher des troupes à l'infçu des Généraux, que la Convention Nationale envoye des Commiffaires.

M. Dubois de Crancé cite méchamment le confeil qu'il prétend m'avoir donné de jetter quelques bombes dans Geneve, pour accélérer la négociation ; il cite plus méchamment encore la réponfe qu'il m'attribue. Sa mémoire l'a mal fervi, la mienne le fervira plus mal encore. La vérité eft que pendant tout le tems que M. Dubois de Crancé a été à mon quartier-général, il n'a ceffé de tenir les plus mauvais propos en arriere de moi. Tandis que le Confeil Exécutif me recommandoit d'épuifer les voyes de conciliation, tandis que je n'avois encore à ma difpofition que deux mortiers & cent bombes, M. Dubois de Crancé difoit dans la rue que j'aurois dû brufquer cette affaire, & que j'y mettois beaucoup de molleffe. Enfin il s'eft conduit à Chambéry & à Carouge comme il fe conduira par-tout, en homme dangereux, mais dont la préfomption ne fert heureufement qu'à faire appercevoir plutôt la foibleffe des moyens. Fatigué de ce qui me revenoit tous les jours de l'indifcrétion de fes propos, je voulus enfin la veille de fon départ l'obliger à me parler en face : c'eft là qu'en préfence de mes Collégues & de quelques Officiers généraux, j'établis une difcuffion fur les différens partis que l'on pouvoit prendre & fur les inconvéniens qu'il falloit prévoir. En parlant du bombardement, je me rappelle en effet d'avoir dit, qu'il exiftoit en Europe quelques villes dont le fort en raifon des rélations de commerce, intéreffoit l'Europe entiere ; que je regardois Geneve comme une de ces villes, & que la France, en la bombardant, porteroit peut-être un coup très funefte à fa propre capitale.

Je me rappelle encore que j'interpellai Mr. Dubois de Crancé, pour lui demander ce qu'il feroit à ma place ; il me répondit qu'*il jetteroit Geneve dans le lac, & qu'enfuite il inviteroit les Suiffes à venir la repêcher.* Ce feroit fans doute une très-belle opération ; je ne fais pas s'il exécuteroit fes plans auffi bien qu'il les conçoit ; mais je fuis forcé de convenir que fes conceptions font au-deffus de ma portée.

Je crois avoir répondu à toutes les allégations qui m'ont été faites ; mais peut-être voudroit-on jetter quelque doute fur l'authenticité de mes citations ; je rappelle ici ma fommation expreffe à tous les Membres du Confeil Exécutif, de démentir, ou d'atteffer les faits que je viens d'expofer ; ils ont toutes les piéces originales dans les mains ; ils doivent la vérité à la Nation, ils doivent me confondre fi je fuis un impofteur.

Je ne connois pas celui qui me remplace, mais ainfi que toute la France, je le regarde comme un homme loyal, & je l'interpelle également de déclarer la vérité : il a dans fes mains toutes les lettres des Miniftres, toutes les minutes des miennes ; je ne me fuis réfervé que les originaux de ma correfpondance Minifférielle, relative à la négociation de Geneve, & je ne l'ai mife en fûreté, que lorfque j'ai été forcé de foupçonner de la mauvaife foi dans un de ceux avec qui j'étois en relation. Mais j'ai laiffé fur mon bureau les copies de cette correfpondance : ainfi, rien ne manque à l'appui des vengeances que j'appelle fur moi fi je fuis coupable ; mais que du moins au moment où la liberté régne en France, la vérité n'y perde pas les droits que le defpotifme même n'ofoit difputer à l'évidence.

Et vous Législateurs, qui sans doute ne voulez pas souiller votre honorable caractere par toutes ces petites passions, l'opprobre des Cours, ne mettez pas votre dignité à soutenir une injustice & à vous croire infaillibles alors même que l'on vous a trompés. Soyez tranquilles, je ne veux plus me mêler de ma vie des affaires publiques, elles m'ont laissé des souvenirs trop amers ; refusez-moi le feu & l'air, vous le pouvez, mais laissez-moi l'honneur, vous me le devez ; & le cri de la vertu opprimée, ne peut manquer de se faire entendre aux Représentans de la générosité Françoise.

Signé A-P. MONTESQUIOU.

LETTRE de M. MONTESQUIOU, Général de l'armée des Alpes, à M. VERGNIAUX, Membre du Comité Diplomatique.

Du 7 Novembre 1792.

Vous êtes un homme d'honneur & un excellent Citoyen. C'est à ces titres, Citoyen, que je veux vous faire parvenir la vérité que l'on vous déguise. Je joue ici un rôle avilissant pour la Nation & pour moi, & c'est aux passions d'un seul homme que je vois sacrifier les plus chers intérêts de la République. Claviere m'écrivoit aussi-tôt après mon entrée en Savoye. " J'espère que vous entrerez bientôt à Geneve : „ il faut détruire ce nid d'Aristocrates & y pêcher tous les trésors que nous y avons enfouis." Je ne répondis pas à cette phrase de brigands. J'eus quelques jours après l'ordre de m'approcher de Geneve avec mon armée, pour en faire sortir de gré ou de force les troupes Suisses que les Genevois y avoient appelées. A peine arrivé aux environs de Geneve, une Députation vint me trouver, & je ne lui cachai pas l'objet de ma mission. Je vis bientôt que notre guerre avec le Roi de Sardaigne, n'étoit que le prétexte des précautions dont nous nous plaignions, & que leur véritable cause étoit une lettre de Claviere, à-peu-près semblable à la mienne, qui avoit couru dans Geneve & qui me fut montrée écrite de sa main. Il y invitoit ses chers Compatriotes à ne pas fermer leurs portes aux François, & à les bien recevoir dans leurs murs, s'ils ne vouloient pas qu'ils les escaladassent. Je n'hésitai pas à désavouer un dessein semblable, & je déclarai que si les Suisses sortoient d'une maniere amicale, je n'avois aucun ordre pour violer le territoire de la République. La confiance ne se rétablit pas en un jour. J'eus le tems d'écrire à M. le Brun que j'avois cru pouvoir assurer Geneve, que les François n'y entreroient pas si les Suisses en sortoient de gré à gré. Il me répondit loyalement que je pouvois en prendre l'engagement ; je le pris en effet, & des conférences en règle s'établirent, pour terminer à l'amiable le différent que notre zèle avoit élevé. J'y portai la plus grande bonne foi, & je dois dire qu'on y répondit avec loyauté, & que la correspondance de M. le Brun a toujours indiqué des intentions très droites : content sans doute, des intentions qu'il trouvoit dans la mienne, il me donna carte blanche, & je parvins à faire prononcer le consentement au renvoi des Suisses. Mais l'existence de Claviere au Conseil de France & les preuves de sa haine les inquiétoient toujours. Ils insisterent long-tems pour garder 800 hommes ; je me montrai inébranlable, & la sortie entiere fut consentie.

Sur ces entrefaites, le Conseil Exécutif sentit que l'occasion étoit favorable pour amener une réconciliation sincère avec les Suisses. Il m'avoit été remis de leur part, des déclarations très-amicales, que j'avois fait passer au Ministre. J'avois reçu l'ordre exprès, d'entamer une négociation avec eux dans les termes les plus affectueux. Je sentis alors qu'il falloit commencer par effacer l'expression brutale, d'*expulsion*, que nos déclarations avoient employées en demandant leur sortie, & en conséquence, j'accordai un mois pour leur retraite, parce qu'il me paroissoit d'ailleurs fort peu intéressant qu'ils évacuassent Geneve un mois plus tôt ou plus tard. Chargé de rédiger la convention, je conçus que le premier acte diplomatique de la République Françoise, vis-à-vis de la plus petite République du monde, devoit porter-le cachet de la véritable grandeur, celui de la modération & de la justice. Je m'attachai à écarter toute idée de proportion dans la taille & dans la force des deux parties contractantes, & j'élevai, pour ainsi dire, Geneve sur un pié-d'estal, pour placer presque sur la même ligne, deux peuples libres qui avoient des affaires à arranger ensemble. L'accord fut conclu, signé & envoyé, & j'entamai suivant les ordres que j'avois reçu, la négociation avec les Suisses. Ma surprise fut grande, lorsque j'appris que des idées, non pas de grandeur, mais de gloriole, avoient amené des critiques sur quelques articles du traité. J'eus ordre d'y proposer des changemens ; ils étoient peu importans, les bases étoient admises, le préambule approuvé : ce n'eus qu'à présenter les observations du Ministre. J'avois gagné la confiance, on consentit à tous les changemens. Une seule observation fournie par M. Claviere, étoit placée en *postscriptum* à la dépêche de M. le Brun ; cette note disoit qu'en 1743, les Suisses ayant été appelés à Geneve, il avoit été porté une loi, pour que rien ne fut proposé au Conseil Général pendant que les troupes étrangeres y seroient. On demandoit qu'il en fut de même dans cette occasion, parce que, disoit-on, le Conseil de Geneve avoit l'intention d'augmenter sa garnison. Je fis cette demande. On me répondit en me montrant la loi de 1743, renouvellée le 23 Septembre dernier, avant l'entrée des Suisses; il ne me restoit donc rien de nouveau à conclure, suivant la recommandation instante du Ministre: la convention réformée, fut signée & envoyée par le Secrétaire de légation du Résident de France. Il est bon de vous observer qu'avec la lettre de M. le Brun, très honnête, très approbative de l'acte presqu'entier, j'en avois reçu une de Claviere pleine de reproches, presque de menaces, critiquant tout ce que le Conseil approuvoit, & n'annonçant que des intentions odieuses. Malgré cela, j'espérois que mon second message réuniroit toutes les volontés, & j'avois fait peu d'attention à des lettres réitérées du Ministre de la guerre, qui me recommandoit toujours de faire les plus grands préparatifs militaires, lettres auxquelles je répondois innocemment que ce n'étoit plus la peine. Enfin, avant-hier, M. Genest, Ministre de France en Hollande, m'est arrivé, porteur d'une nouvelle instruction, & chargé d'une demande expresse, pour que le Conseil Général de Geneve ne puisse pas être assemblé avant le départ des Suisses. Cette demande est absurde & inadmissible. 1°. Nous avons moins que jamais le droit de la faire, depuis le Décret du 17 Octobre. 2°. Les Suisses ne peuvent être renvoyés que par le Conseil Général qui les a appelés. La ratification ne peut être faite que par lui; ainsi il est évident que Claviere, abusant de la bonne foi du Conseil, suit sa premiere idée, & veut amener une rupture en demandant l'impossible. Il est évident que la guerre avec les Suisses prêts à se réunir à nous, lui est fort indifférente, pourvu qu'il puisse faire assommer quelques *magnifiques* qu'il hait. Je suis confirmé dans cette opinion par une nouvelle lettre du 1er Novembre, que j'ai reçue hier du Ministre de la guerre, pour me recommander encore les plus grands préparatifs. Je les fais les préparatifs, pour qu'on n'ajoute pas aux calomnies que déjà l'on fait circuler sur moi, de nouveaux griefs. Mais vous qui avez des talens & des vertus, souffrirez-vous que le berceau d'une République qui fixe les yeux de l'univers, soit souillée de tous les vices qui infectoient les Cours? Souffrirez-vous cette représentation scandaleuse, de la fable du loup & de l'agneau? Serons-nous plus honorés, plus puissans quand nous aurons écrasé le plus foible de nos voisins, commis une grande injustice, & allumé une nouvelle guerre? Je vous le demande: cette iniquité que peut-être on vous a déguisée à vous-même, sous un tissu absurde de fables & convertie par Claviere en acte de prudence. Je vous déclare que cette question coutera des millions à la France; que l'armée où j'ai cité déjà très-affoiblie par les maladies, y périra toute entière: qu'au premier coup de canon, les Suisses nous attaqueront; & que l'année prochaine, il nous faudra ici cent mille hommes au lieu de quinze. Je vous dénonce donc un crime public, & si vous croyez mes récits infidelles ou exagérés, demandez à lire toute ma correspondance, & j'offre d'y joindre des que vous me le manderez, les lettres originales de la main de Claviere, que je vous ai citées. Vous y verrez la haine indiscrete d'abord, cachée ensuite, puis insidieuse & atroce. Si je peux empêcher le déshonneur de mon pays, en révéillant le zele d'un homme de bien, j'aurois fait une bonne action, & vous celle d'un vrai François. Je meurs de honte, en me voyant l'instrument d'une perfidie que la plupart de ceux qui composent le Conseil ne souffriroient pas, si la vérité leur étoit connue. Je la dépose en vos mains cette vérité, & je sais que je la remets dans des mains dignes d'elle.

Le Général de l'armée des Alpes.

LETTRE de M. MONTESQUIOU à M. GARAT.

Le 7 Novembre 1792.

L'AMBASSADEUR que le Conseil Exécutif a envoyé à Geneve pour m'apprendre mon métier, mon cher ancien Collègue, ne vous dira peut-être pas combien étoit absurde la mission qu'on lui avoit donnée. Il s'en est tiré en homme d'esprit. Il n'a demandé que ce qui étoit possible, & il l'a obtenu sans difficulté. Mais peut-être essayera-t-on encore d'égarer les résolutions du Conseil dans cette affaire, & mon devoir est de l'éclairer. Si j'y connoissois un plus honnête homme que vous, c'est à lui que j'adresserois la vérité; mais par cette raison même, c'est à vous que je la remets. Je vous envoye la copie d'une Lettre que j'ai écrite ce matin à Vergniaux. Je vous prie de la lire avec attention, & vous verrez si le fourbe que je vous démasque, ne va pas par quelque nouvelle histoire chercher à vous faire partager ses fureurs. Si je suis réduit à l'horrible nécessité d'en être l'instrument, je jure que cette Lettre, que son infâme correspondance avec moi, que sa perfidie, seront connues de l'univers entier. Je ne garde le secret que si l'injustice n'est pas consommée.

Vous que l'Ange de la France a appelé à nos conseils, opposez-vous à l'infamie de marcher sur les pas des despotes. J'invoque ici votre ame républicaine & pure, ne repoussez pas le cri d'indignation d'un honnête homme; soyez fort de toute la force de votre vertu, & la France ne sera pas déshonorée par l'exécrable abus de la puissance. Je jouis avec délices dans ce moment-ci, du bonheur de pouvoir parler en homme libre, au dépositaire de l'autorité publique. J'ai quelquefois usurpé ce droit lorsqu'il y avoit du risque à le faire. Il m'appartient aujourd'hui, & j'aime à en user, vis-à-vis de l'homme le plus estimable que je connoisse.

Recevez, mon cher Collègue, l'assurance bien sincère de mon inviolable attachement.

Le Général de l'armée des Alpes.

www.ingramcontent.com/pod-product-compliance
Lightning Source LLC
Chambersburg PA
CBHW061612040426
42450CB00010B/2445